ABÉCÉDAIRE

INSTRUCTIF ET INTÉRESSANT,

ORNÉ DE GRAVURES PROPRES A CAPTIVER L'ATTENTION DES ENFANTS,

PAR UN AMI DE L'ENFANCE.

à l'usage des écoles primaires.

PARIS.
IMPRIMERIE ET LIBRAIRIE CLASSIQUES
DE JULES DELALAIN ET Cie,

Fils et Successeurs d'Auguste Delalain,

Rue des Mathurins-St-Jacques, N° 5, près la Sorbonne.

Toute contrefaçon de cet Ouvrage sera poursuivie conformément aux lois.

Toutes nos Editions sont revêtues de notre griffe.

COLLECTION DE PETITS LIVRES

A L'USAGE DES ENFANTS,

QUI SE TROUVENT A LA MÊME LIBRAIRIE.

Premières Connaissances, livre de lecture instructif et amusant, par *M. Frémont*; in-18.

Cahiers Manuscrits, Recueil de toutes sortes d'écritures lithographiées, par *M. Frémont*; *in*-18.

Eléments de la Grammaire Française, par *Lhomond*; in-12.

Exercices gradués sur cette Grammaire, par *M. Cocquempot*; in-12.

Petite Géographie Moderne, par *M. Masselin*; in-12, avec une mappemonde.

Petite Histoire Sainte, suivie de la Vie de J. C., par *M. Masselin*; in-12.

Petite Mythologie, par *M. Masselin*; in-12, avec des figures.

Petite Histoire de France, par *M. Masselin*; in-12.

Petite Arithmétique, suivie de notions sur les poids et mesures, par *M. Masselin*; in-12.

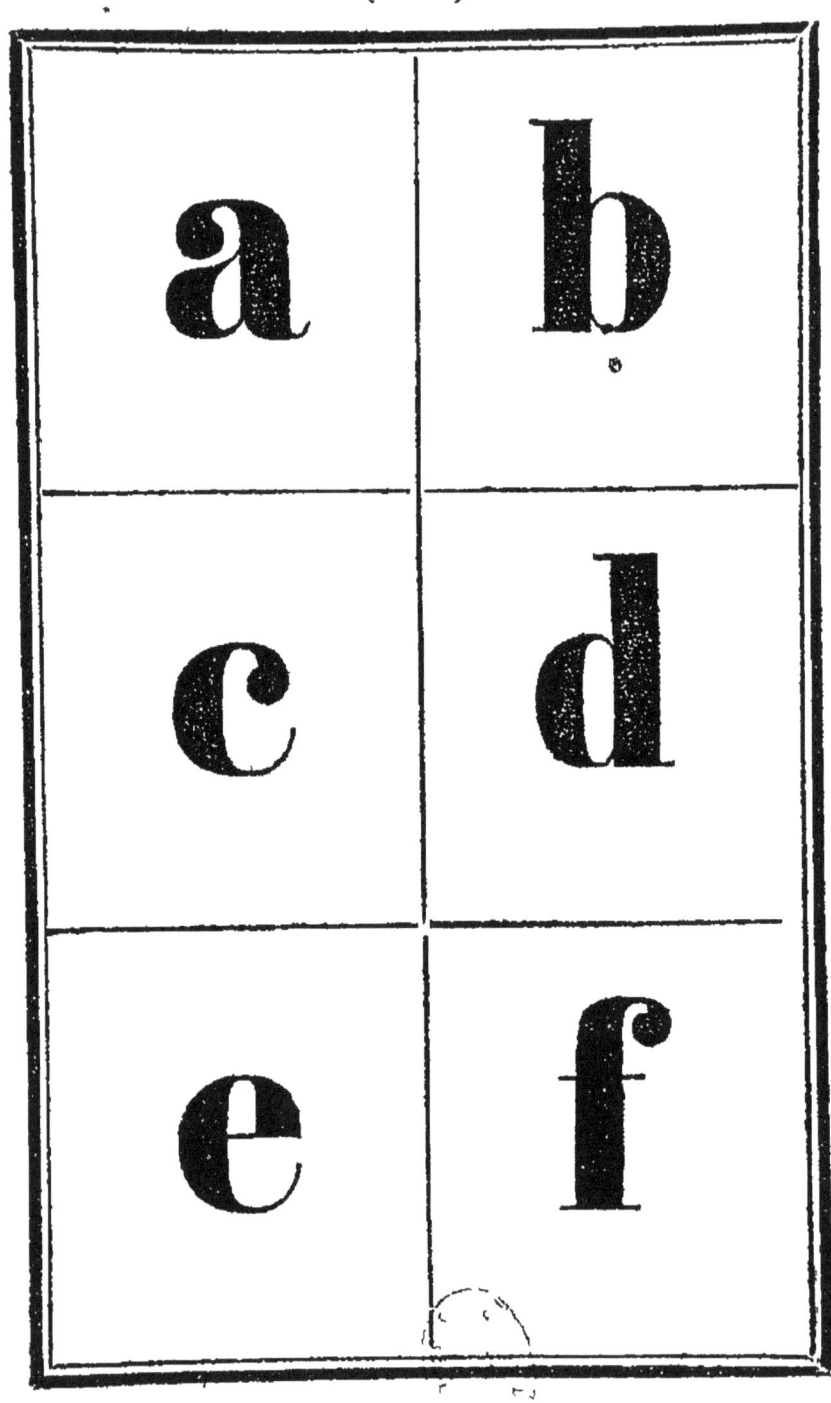

(4)

g	h
i j	k
l	m

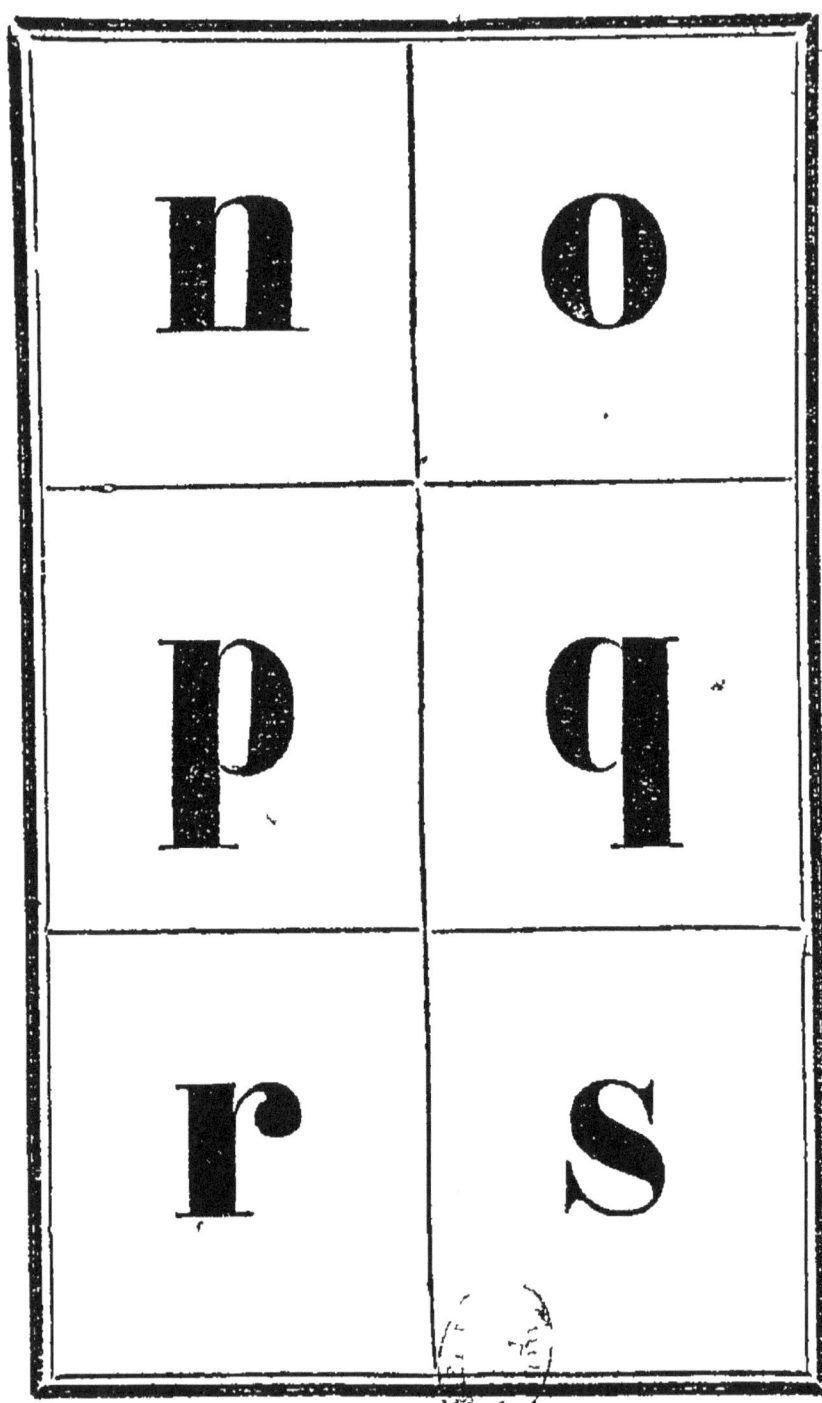

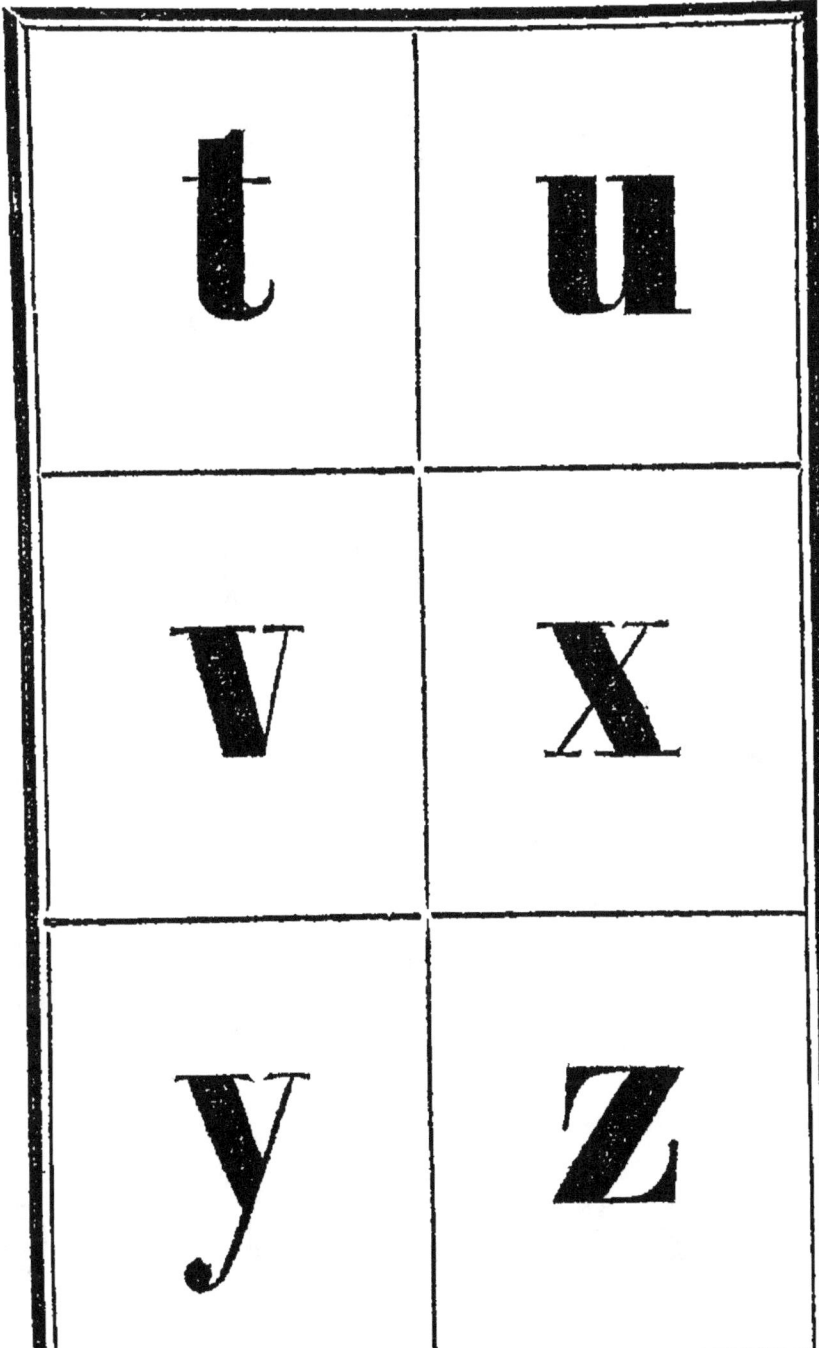

ALPHABET USUEL. 25 LETTRES.

a b c d e

f g h i j

k l m n o

p q r s t

u v x y z

CHIFFRES.

1 2 3 4 5 6 7 8 9 0

SONS OU VOYELLES.

a e i y o u

ARTICULATIONS OU CONSONNES *.

b p d t g

c k q f v

j h s ç z

x l m n r

* Les articulations ou consonnes sont placées ici dans l'ordre d'analogie, celui de leur prononciation. — Le *c* avec le signe (¸), appelé *cédille*, répond à l'*s* devant *a*, *o*, *u*.

SONS FORMÉS DE DEUX LETTRES.

an en in on un
eu ou

ARTICULATIONS DOUBLES.

bl br cl cr dr fr
gl gr ph pr tr vr

LETTRES ACCENTUÉES *.

é à è ù â ê
î ô û ë ï ü

LETTRES DOUBLES.

æ œ fi fl w

* Noms des accents : (′) accent aigu. — (`) accent grave. — (^) accent circonflexe. — (··) tréma.

PRINCIPALES FORMES DES LETTRES.

A B C D E F G H I
J K L M N O P Q
R S T U V X Y Z

a b c d e f g h i
j k l m n o p q
r s t u v x y z

a b c d e f g h i
j k l m n o p q
r s t u v x y z

SYLLABES.

ab	ad	al	ar	as
eb	ed	el	er	es
ib	id	il	ir	is
ob	od	ol	or	os
ub	ud	ul	ur	us

ba	be	bi	bo	bu
ca	ce	ci	co	cu
da	de	di	do	du
fa	fe	fi	fo	fu
ga	ge	gi	go	gu
ja	je	ji	jo	ju
la	le	li	lo	lu
ma	me	mi	mo	mu
na	ne	ni	no	nu
pa	pe	pi	po	pu

ra	re	ri	ro	ru
sa	se	si	so	su
ta	te	ti	to	tu
va	ve	vi	vo	vú
za	ze	zi	zo	zu
cha	che	chi	cho	chu
pha	phe	phi	pho	phu

bla	ble	bli	blo	blu
bra	bre	bri	bro	bru
cla	cle	cli	clo	clu
cra	cre	cri	cro	cru
dra	dre	dri	dro	dru
fla	fle	fli	flo	flu
fra	fre	fri	fro	fru
gla	gle	gli	glo	glu
gra	gre	gri	gro	gru

pla	ple	pli	plo	plu
pra	pre	pri	pro	pru
tra	tre	tri	tro	tru
vra	vre	vri	vro	vru
bal	bel	bil	bol	bul
bar	ber	bir	bor	bur
bas	bes	bis	bos	bus
cal	cel	cil	col	cul
car	cer	cir	cor	cur
dar	der	dir	dor	dur
dac	dec	dic	doc	duc
fal	fel	fil	fol	ful
far	fer	fir	for	fur
gal	gel	gil	gol	gul
gas	ges	gis	gos	gus
lac	lec	lic	loc	luc
lar	ler	lir	lor	lur

mal	mel	mil	mol	mul
mar	mer	mir	mor	mur
nal	nel	nil	nol	nul
nar	ner	nir	nor	nur
pal	pel	pil	pol	pul
par	per	pir	por	pur
pas	pes	pis	pos	pus
rac	rec	ric	roc	ruc
ras	res	ris	ros	rus
sac	sec	sic	soc	suc
sar	ser	sir	sor	sur
tal	tel	til	tol	tul
tar	ter	tir	tor	tur
val	vel	vil	vol	vul
var	ver	vir	vor	vur
zag	zeg	zig	zog	zug

MOTS A ÉPELER.

pa pa	a mi	lu ne
ra me	pa vé	de mi
da me	fa ce	pô le
mè re	î le	or me
or ge	du pe	ré el
jo li	pi pe	ca fé
ca ve	mi di	lo to
ro be	é pi	ma ri
ju pe	ta xe	or né
bê te	pâ te	du re
ur ne	é té	fa de
ro se	tu be	rô ti
lo ge	zè le	tê te
ga ze	la me	go be
ri re	â ne	vi de

ca ba ne   na vi re
pa ro le   a va re
er mi te   pa ru re
fi gu re   é co le
lé gu me   na tu re
es pa ce   fa ri ne
vé ri té   ma la de
tu li pe   nu mé ro
ar ca de   o va le
vo lu me   pa ra de
ci ga le   ju ju be
ar gi le   sa la de
pi lo te   fa vo ri
sa me di   re mè de
é tu de   u ti le
pâ tu re   vo la ge

phra se
ta ble
gar de
clo che
ar bre
cor de
blâ me
li vre
gla ce
ca nal
plu me
trô ne
bar be
mar di
or dre
bra ve

fro ma ge
bar ba re
mor su re
é gli se
fe nê tre
ar se nal
co li bri
plu ma ge
mar mi te
for tu ne
oc to bre
mé tho de
ri si ble
a gra fe
mi ra cle
tar ti ne

as tro no me
pré ci pi ce
o ri gi nal
gar ni tu re
es cla va ge
pro ces si on
qua dru pè de
or tho gra phe
né gli gen ce
vo lon tai re
pré ju di ce
vé né ra ble
ad ver si té
sa cri fi ce
dé plo ra ble
vrai sem bla ble

PHRASES A ÉPELER.

Le blé est mûr. — Le ciel est beau. — Le chien court. — Paul hait le mal. — Va au bois. — Ce fait est vrai. — Jean nous voit. — Le temps est pur. — Les fruits sont verts.

Ai me ta mè re. — Va à l'é co le. — Il di ra la vé ri té. — Hen ri est bi en o bé is sant. — Il fait clair de lu ne. — Jac ques n'a pas é té sa ge. — Le temps per du ne se ré pa re ja mais.

Il n'y a qu'un seul Dieu qui gouverne le ciel et la terre.

Dieu récompense ceux qui font le bien, et il punit ceux qui font le mal.

Nous sommes tous frères ; nous devons nous aider, nous consoler, nous supporter les uns les autres.

Il faut faire aux autres, ce que nous voudrions qui nous fût fait.

LECTURES COURANTES.

1. *L'Ane.*

Il ne faut pas juger l'âne sur sa mine. C'est un animal domestique bien utile aux habitants de la campagne. Il est dur et patient au travail. Il n'en coûte que bien peu pour le nourrir ; il se contente des herbes les plus dures, de chardons et de ronces qu'il broute le long des chemins. Il porte fort bien une paire de paniers, et peut même tirer une petite charette. On lui reproche de l'entêtement ; mais il ne mérite pas le mépris dont il est quelquefois l'objet.

* Signes de ponctuation : point (.). — virgule (,). — point et virgule (;). — deux points (:). — point d'interrogation (?). — point d'exclamation (!). — parenthèse ( ).

2. *Le Blé.*

Le blé est une plante d'une grande ressource pour l'homme, qui, à force de culture et de soin, en tire une nourriture abondante. Les grains, que renferme chaque épi de blé, produisent la farine avec laquelle les boulangers font les pains et les pâtissiers les gâteaux.

3. *Le Chien.*

Le chien, si célèbre par sa vigilance, son courage et son attachement, a la vue excellente, l'odorat subtil et l'ouïe très-délicate. On en compte une foule de variétés : le chien de berger, le lévrier, le basset, l'épagneul, etc. Il est le seul qui entend son nom et reconnaisse la voix de son maître.

4. *Les Dominos.*

Le jeu de dominos, qui se joue ordinairement à deux, consiste à placer tour à tour des dominos de même nombre à la suite de dominos déjà mis sur la table. Celui auquel il reste le plus grand nombre de points, lorsque le jeu se trouve arrêté, a perdu.

5. *L'Eléphant.*

L'éléphant surpasse tous les animaux terrestres en grandeur : il n'est inférieur à aucun en intelligence. Ce qui le caractérise surtout, ce sont les deux longues défenses d'ivoire qui sortent de sa bouche, et sa mâchoire supérieure qui se prolonge en trompe cylindrique. Il se sert de cette trompe mobile, comme d'une main pour saisir les objets.

6. *Le Faucheur.*

Lorsque les foins sont en pleine maturité, ils sont coupés à l'aide d'une faux que le faucheur promène autour de lui. Ensuite ils sont étalés sur la terre pour sécher au soleil, et quand ils sont secs, on en fait des bottes, que l'on conserve pour la nourriture des chevaux et des bestiaux.

7. *La Girafe.*

La girafe est le plus élevé de tous les animaux ; mais cette grandeur n'est pas proportionnée. Ses jambes de devant sont plus hautes que celles de derrière ; son cou est d'une longueur démesurée ; sa peau est parsemée de taches brunes diversement disposées.

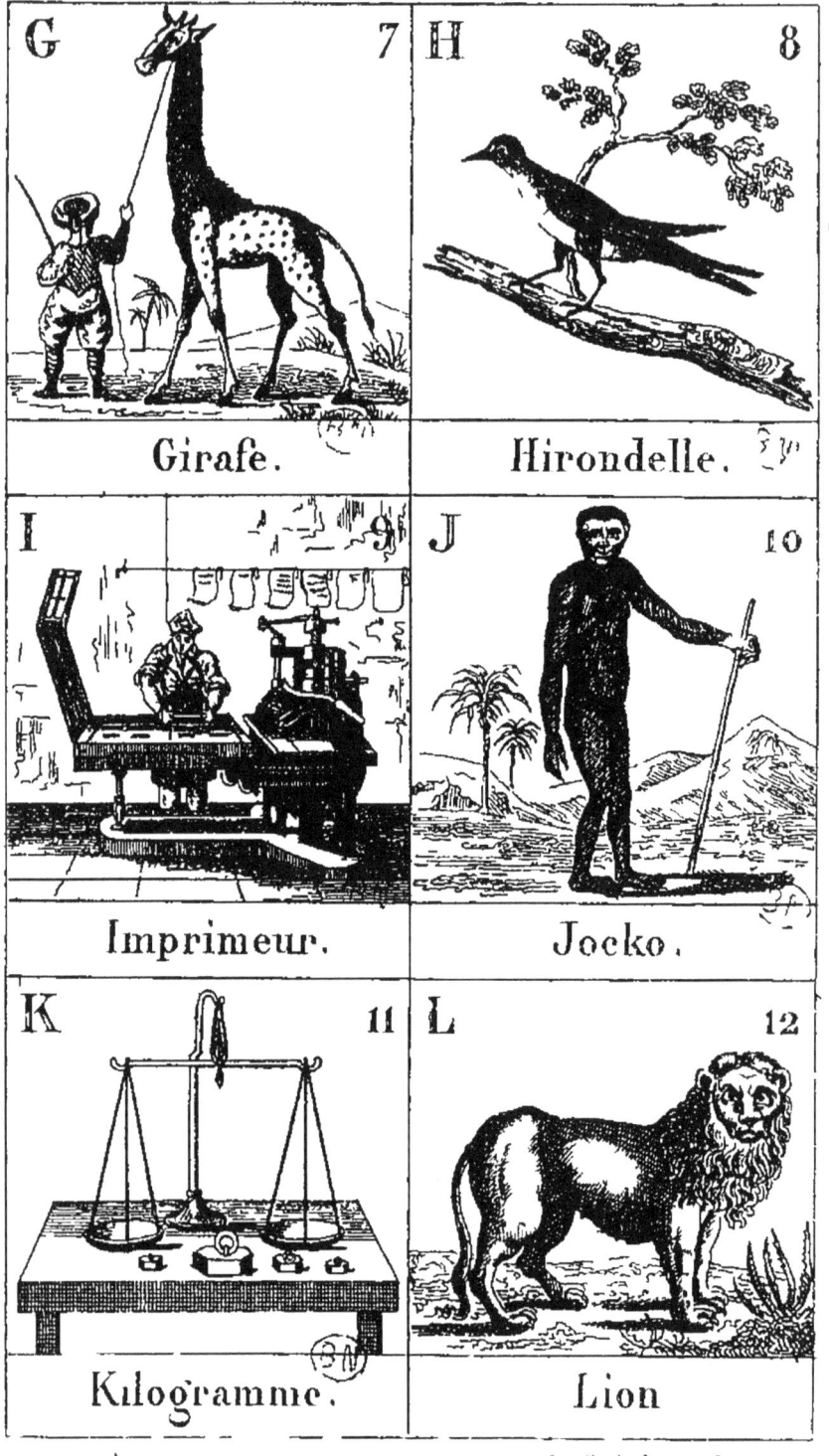

8. *L'Hirondelle.*

De tous les oiseaux, l'hirondelle est celui pour lequel le vol est le plus nécessaire; c'est pour ainsi dire son état le plus ordinaire. Les hirondelles, à l'époque des froids et de l'hiver, quittent nos pays et n'y reparaissent qu'au retour du beau temps.

9. *L'Imprimeur.*

Chaque lettre de ce livre était séparée, on les a réunies et jointes ensemble pour en former des pages. Ces pages ont été ensuite mises sous la presse; l'imprimeur, après les avoir légèrement couvertes d'encre, a posé dessus une feuille de papier blanc, sur laquelle elles ont été reproduites au moyen d'une forte pression donnée par le barreau de la presse.

10. *Le Jocko.*

Les jockos sont de tous les singes ceux qui ressemblent le plus à l'homme. Ils ne peuvent rester longtemps sur leurs pieds de derrière, et leur marche sur les quatre membres n'est guère plus assurée. On les trouve dans les forêts des pays situés entre les tropiques.

11. *Le Kilogramme.*

Une partie des objets de consommation nécessaires à la vie se vendent au poids. On se sert à cet effet de poids ou mesures établis d'après une base uniforme. Le principal poids en usage aujourd'hui est le kilogramme, qui équivaut à deux anciennes livres.

12. *Le Lion.*

Le lion est le plus fort et le plus belliqueux des animaux. Son courage, la magnanimité qu'on lui prête, lui ont valu le surnom de *roi des animaux.* Il a la figure imposante, la démarche fière, la voix terrible. Une épaisse crinière couvre son cou. On le trouve en Afrique et en Asie.

13. *Le Moulin.*

Vous savez déjà que le pain est fait avec la farine produite par le blé. Vous savez aussi que c'est au moulin que le blé est réduit en farine. Le vent en soufflant dans les ailes du moulin les fait tourner et donne à la meule du moulin une pression suffisante pour moudre les grains de blé et les réduire en farine.

14. *Le Noyer.*

Le noyer est un des arbres qui nous offrent le plus d'utilité. Son fruit appelé *noix* nous sert de nourriture. Son écorce et l'enveloppe de la noix s'emploient pour faire de la couleur noire. Son bois et sa racine servent aux ébénistes pour faire des meubles, des chaises, des lits, etc.

15. *L'Ours.*

L'ours est non-seulement sauvage, mais solitaire. Il habite les montagnes et les forêts. Il grimpe quelquefois sur les arbres, au-haut desquels il parvient avec beaucoup d'agilité, malgré ses formes massives. L'ours peut cependant être apprivoisé; on lui apprend à se tenir debout, à gesticuler, à danser.

16. *La Poule.*

Vous connaissez tous les poules, ces utiles oiseaux, richesses de nos basses-cours, dont les œufs ou la chair nous fournissent des aliments aussi sains que délicats. Leurs pattes sont armées d'ongles pointus, qui leur servent à fouiller dans le fumier et devant les portes des granges où elles trouvent une provision suffisante de grains pour leur nourriture.

17. *Les Quilles.*

Le jeu de quilles consiste à abattre successivement une quantité de quilles fixée. Celui qui est arrivé le premier à ce nombre, a gagné. Les quilles, au nombre de neuf, sont rangées debout dans un carré à une certaine distance l'une de l'autre; on tâche de les abattre avec une grosse boule qu'on lance d'une certaine distance.

18. *La Rose.*

La rose est la reine des fleurs. Elle les surpasse toutes par sa beauté et la douceur de son parfum. Il faut prendre garde à ses épines. La rose ne dure que l'espace d'un matin et se fane promptement.

19. *Le Soldat.*

Le soldat ou militaire a une mission bien honorable, celle de défendre la patrie au dehors et au dedans, soit que des nations ennemies l'insultent ou l'attaquent, soit que des malveillants veuillent troubler l'ordre public et s'opposer à la libre exécution des lois.

20. *Le Tisserand.*

Vous serez bien étonnés d'apprendre que la matière première de la toile de vos chemises est le chènevis, dont vous nourrissez vos petits oiseaux. Le chènevis produit le chanvre. Lorsque le chanvre est mûr, on en tire une filasse dont on fait du fil et de la corde. Le tisserand, au moyen d'un métier, réunit ensemble plusieurs fils, et fabrique ainsi la toile.

21. *L'Urson.*

L'urson est une espèce de porc-épic, quadrupède hérissé de piquants. Il se trouve dans le nord de l'Amérique. Les habitants du pays mangent sa chair et se servent de sa peau comme fourrure, après avoir arraché ses piquants, qui leur servent d'épingles et d'aiguilles.

22. *La Vache.*

Est-il un animal domestique plus utile que la vache ? Le lait qu'elle nous donne en grande quantité sert à faire le beurre et le fromage. Le lait est l'aliment le plus sain pour les enfants ; le beurre, l'assaisonnement de nos mets, et le fromage, la nourriture la plus commune des habitants de la campagne.

23. *Le Xandarus.*

Le xandarus, nommé aussi bubale, est un animal assez commun dans le nord de l'Afrique. Il ressemble au cerf par la grandeur et la figure du corps ; au bœuf par la longueur de son museau et la disposition de sa tête.

24. *Les Yeux.*

Les yeux ne servent pas qu'à nous faire voir les objets extérieurs; ils expriment aussi nos sensations. Ils sont en quelque sorte le miroir de l'âme. Ainsi un regard franc et doux inspire la confiance; un coup d'œil effronté et dissimulé annonce un mauvais cœur.

25. *Le Zèbre.*

Le zèbre est peut-être le mieux fait de tous les quadrupèdes et le plus élégamment vêtu. Sa peau est marquée de raies noires et blanches disposées alternativement avec une régularité admirable. Il est en général plus petit que le cheval et plus grand que l'âne.

FABLE.

Le Loup et le jeune Mouton.

Des moutons étaient en sûreté dans leur parc; les chiens dormaient, et le berger, à l'ombre d'un grand ormeau, jouait de la flûte avec d'autres bergers voisins. Un loup affamé vint, par les fentes de l'enceinte, reconnaître l'état du troupeau. Un jeune mouton, sans expérience, et qui n'avait jamais rien vu, entra en conversation avec lui : Que venez-vous chercher ici ? dit-il au glouton. — L'herbe tendre et fleurie, lui répondit le loup. Vous savez que rien n'est plus doux que de paître dans une verte prairie émaillée de fleurs, pour apaiser sa faim, et d'aller éteindre sa soif dans un clair ruisseau : j'ai trouvé ici l'un et l'autre. Que faut-il davantage ? J'aime la philosophie qui enseigne à se contenter de peu. — Il est donc vrai, repartit le jeune mouton, que vous ne mangez point la chair des animaux, et qu'un peu d'herbe vous suffit ? Si cela est, vivons comme frères, et paissons ensemble. Aussitôt le mouton sort du parc dans la prairie, où le sobre philosophe le mit en pièces et l'avala.

Défiez-vous des belles paroles des gens qui se vantent d'être vertueux. Jugez-les par leurs actions, et non par leurs discours.

LECTURE DU LATIN.

ter ra	do mi nus
de us	ju di ca re
vi ta	ten ta tio
pa ter	de bi ta
no men	vo lun tas
reg num	spi ri tus
cre do	om ni po tens
na tus	cru ci fi xus
ho mo	se pul tus
nos ter	ec cle sia
pas sus	cre a tor
cœ lum	pec ca ta
pa nis	re sur rec tio
sanc tus	æ ter na
ma lum	ven tu rus.

SYMBOLE DES APÔTRES.

Credo in Deum Patrem omnipotentem, Creatorem cœli et terræ; et in Jesum Christum Filium ejus unicum, Dominum nostrum; qui conceptus est de Spiritu Sancto, natus ex Mariâ Virgine, passus sub Pontio Pilato, crucifixus, mortuus, et sepultus; descendit ad inferos, tertiâ die resurrexit à mortuis; ascendit ad cœlos; sedet ad dexteram Dei Patris omnipotentis : indè venturus est judicare vivos et mortuos.

Credo in Spiritum Sanctum, sanctam Ecclesiam Catholicam, Sanctorum communionem, remissionem peccatorum, carnis resurrectionem, vitam æternam.

Impr. de J. Delalain.

www.ingramcontent.com/pod-product-compliance
Lightning Source LLC
Chambersburg PA
CBHW060952050426
42453CB00009B/1156